LES FEMMES ARTISTES

ELISABETH  PHILIPPINE

DE FRANCE

LES

FEMMES ARTISTES

A L'ACADÉMIE ROYALE

DE PEINTURE

ET DE SCULPTURE

PAR

OCTAVE FIDIÈRE

PARIS

CHARAVAY FRÈRES, LIBRAIRIE DE LA SOCIÉTÉ

4, RUE DE FURSTENBERG.

1885.

« Que n'écrivez-vous l'histoire des Femmes Académiciennes, me disait, il y a quelques mois M. Et. Arago, le vénérable Conservateur du Musée du Luxembourg. Le sujet est aimable, galant et jusqu'ici n'a pas été traité d'une façon complète. J'avais moi-même entrepris ce travail, mais je l'ai abandonné; et ma vieillesse en lègue volontiers l'idée à votre jeunesse. »

Le conseil me parut bon et j'en remerciai M. Arago. J'ai encore à le remercier aujourd'hui au moment de publier cette étude pour laquelle j'ai eu souvent recours à ses conseils, à ses souvenirs, à son érudition.

O. F.

LES FEMMES ARTISTES
A L'ACADÉMIE ROYALE DE PEINTURE ET DE SCULPTURE

Nous nous sommes souvent demandé pourquoi l'Institut avait jusqu'à ce jour fermé aux femmes les cinq portes de ses Académies. Que la grave Académie des sciences et ses deux sœurs, l'Académie des sciences morales et politiques, et l'Académie des inscriptions et belles-lettres, n'aient jugé aucune femme digne d'être admise dans leur docte cénacle, cela ne nous surprend guère; mais pourquoi l'Académie française et celle des beaux-arts se sont-elles montrées à ce point misogynes? Les lettres et les arts sont assurément de toutes les branches de l'esprit humain, celles où la femme a constamment montré le plus d'aptitudes. Sans remonter à Sapho, ni vouloir attribuer à Dibutade l'invention du dessin, on peut dire qu'il y eut de tous temps des femmes qui cultivèrent avec succès — quelques-unes même avec éclat — les Lettres, la Musique, la Peinture et la Sculpture. Pourquoi donc leur refuser une récompense qui est considérée comme la consécration suprême du talent ?

Nos pères étaient moins exclusifs que nous. Soit galanterie, soit admiration sincère pour des talents estimables, ils n'ont pas cru que de gracieux visages de femmes pussent troubler leurs graves assemblées. L'Académie Française, il est vrai, n'admit jamais de femme dans ses rangs ; mais l'Académie Royale de Peinture et de Sculpture, plus libérale, ne dédaigna point de s'adjoindre nombre de femmes artistes. Chacun sait que la Rosalba et Mme Vigée Lebrun furent jugées dignes de cette faveur ; ce ne furent toutefois pas les seules. On compte, sur les registres de l'Académie quinze noms de femmes. Ces noms, à l'exception de ceux que je viens de citer sont plus ou moins tombés dans l'oubli ; il en est, cependant, qui méritent une petite place dans l'histoire de l'art, et ce sont ces oubliées que je veux aujourd'hui présenter à mes lecteurs. Voyons donc les rares œuvres qu'elles ont laissées ; consultons les archives et les critiques du temps et alors seulement nous pourrons décider si, en les recevant, l'Académie a montré plus de galanterie que d'équité.

Avant d'aller plus loin, il est bon d'expliquer en quelques mots ce qu'était l'ancienne Académie de Peinture et de Sculpture :

Le mot Académie, pris dans son acception moderne, évoque l'idée d'une assemblée limitée, d'un corps essentiellement aristocratique où peuvent seuls être admis les princes des Lettres, des Arts ou de la Science.

L'Académie Royale de Peinture et de Sculpture, fondée en 1648, n'avait pas de si hautes visées. Elle avait été établie dans le but d'affranchir les arts du dessin, alors assimilés aux autres travaux manuels, des règles vexatoires auxquelles étaient soumises les corporations. Vers le milieu du XVIIe siècle, on ne distinguait guère un peintre d'un tailleur de pierres ou d'un doreur-vitrier. Tout peintre, tout sculpteur devait, quel que fût son mérite, se faire d'abord apprenti, passer par le compagnonnage, enfin prendre boutique. L'Académie royale de peinture et de sculpture rendit donc aux artistes un immense service en leur permettant de se livrer à leurs travaux dans les conditions d'indépendance qui leur sont si nécessaires. C'était, à proprement parler, une sorte d'association d'artistes se recrutant eux-mêmes à l'élection. Le nombre de ses membres n'était pas limité. On y était *agréé* sur la présentation d'une ou plusieurs œuvres. L'exécution d'un tableau ou d'une statue, sur un sujet convenu, donnait le titre définitif d'académicien. Comme on le voit, ce n'était pas, à tout prendre, un brevet de génie que l'Académie accordait à celui qu'elle recevait dans ses rangs; elle le consacrait seulement artiste et l'admettait à participer aux divers privilèges dont elle jouissait, entre autres à celui de figurer à ses expositions.

La première académicienne fut Catherine DUCHEMIN, femme du sculpteur Girardon. L'Académie la reçut le 14 avril 1663 sur la présentation d'une peinture dont le sujet était : *Un panier de fleurs posé sur une table.* Fût-ce à la haute situation de son mari qu'elle dut cet honneur, ou bien son seul mérite l'en rendait-il digne? C'est ce qu'il me serait difficile de dire, car je ne sache pas qu'aucune œuvre authentique de cette artiste nous ait été conservée. Fermel'huis, dans son *Eloge de Sophie Chéron*, parle de Catherine Duchemin dans les termes les plus louangeurs; mais j'avoue que je me défie de lui. Il ne faut pas prendre trop au sérieux cette eau bénite d'Académie que les historiographes de l'illustre assemblée prodiguaient sur les cercueils de leurs confrères, avec autant de politesse que peu de conviction.

Catherine Duchemin mourut en 1678. Son mari

lui éleva, dans l'église Saint-Landry-en-la-Cité, un tombeau qui, pendant la Révolution, disparut avec ce monument. Des fragments de ce mausolée ont été retrouvés, et, après avoir fait pendant quelque temps partie du Musée des monuments français, ils se trouvent aujourd'hui dans une des chapelles de l'église Sainte-Marguerite. Aucune inscription funéraire ne vient malheureusement nous éclairer sur la vie de l'artiste à laquelle il était consacré.

Jusqu'en 1669, l'Académie ne reçut pas d'autres femmes. Cette année-là, elle en admit deux : Geneviève et Madeleine BOULOGNE (1), de cette nombreuse famille d'artistes qui devait compter cinq de ses membres dans les rangs de l'Académie (2). Les deux sœurs furent reçues sur la présentation d'un tableau, fait conjointement, représentant : *un groupe de figures et de dessins faits d'après le modèle avec un fond d'architecture et des trophées d'instruments de musique.*

Rien à dire sur la vie de ces deux artistes.

(1) Ce nom, dans les différentes pièces qui nous ont été conservées, est écrit tantôt *Boulogne*, tantôt *Boullogne*, ou bien encore *Boullongne*. Louis, le frère cadet de Geneviève et de Madeleinesignait généralement *de Boullongne*.

(2) Louis Boulogne le père, reçu en 1648, et ses quatre enfants : Geneviève et Madeleine, reçues en 1669 ; Bon, reçu en 1677 et enfin Louis deuxième du nom, reçu en 1681.

Nous savons seulement par les livrets du temps que Geneviève exposa au Salon de 1673 *un paysage*. A celui de 1699, je trouve sous le nom de Mlle Boulogne (sans prénom) :

Un tableau de fruits.

Un autre d'instruments de musique.

Cinq tableaux qui sont: Une pensée de mort et quatre de différents services de fruits et autres mets.

On peut voir au Musée de Versailles quatre dessus de porte signés Madeleine de Boulogne et auxquels les deux sœurs ont sans doute, comme c'était leur habitude, travaillé ensemble. Voilà, à notre connaissance, tout ce qui reste des sœurs Boulogne qui, plus heureuses que Piron, furent au moins académiciennes. Ce ne sont pas des chefs-d'œuvre; mais autant que j'ai pu en juger, — car ils sont assez mal placés — ce sont d'assez agréables tableaux de nature morte et qui remplissent bien le but décoratif pour lequel ils ont été faits.

Comme on le voit, les trois premières académiciennes ne brillèrent pas d'un bien vif éclat. Il n'y avait cependant pas à cette époque pénurie de femmes artistes et l'on ne s'explique pas que l'Académie n'ait pas songé à s'adjoindre une artiste d'une véritable valeur et qui n'eût pas manqué d'appui dans le sein même de l'illustre assemblée : j'ai nommé *Claudine Bouzonnet Stella.*

C'est à M. Guiffrey que nous devons de connaître non seulement les œuvres, mais encore la vie privée et le caractère de cette intéressante artiste. Les pièces qui la concernent et qui ont été publiées dans les *Archives de l'Art français* nous font pénétrer dans l'existence retirée et laborieuse de cette excellente femme, modèle de piété filiale et de charité chrétienne. Le culte qu'elle avait voué à son frère Jacques Stella et le soin avec lequel elle fait mention de ses moindres ouvrages a permis de dresser un catalogue assez complet de l'œuvre de ce remarquable artiste dont les tableaux sont malheureusement fort rares aujourd'hui.

Claudine Bouzonnet Stella peignit un nombre considérable de tableaux ; mais c'est surtout à son talent de graveur qu'elle dut sa juste célébrité. Pour se convaincre de son mérite il suffit d'aller voir au Cabinet des estampes les œuvres de sa main qui y sont conservées. On ne peut qu'admirer sa manière large et simple, d'une allure toute virile, qui d'ailleurs s'était formée aux meilleurs maîtres, car Claudine possédait une admirable collection d'estampes, où se trouvaient les plus belles œuvres du Parmesan, de Marc-Antoine, d'Albert Durer, de Michel-Ange et autres artistes célèbres.

Claudine Bouzonnet Stella semble avoir toujours mené une vie retirée. Est-ce cette circonstance, jointe à son excessive modestie, qui l'empêcha de se présenter à l'Académie, ou même lui fit refuser les avances que l'on put lui faire? Rien ne peut nous fixer à cet égard. Elle mourut le 1er octobre 1697, laissant à ses divers parents, une collection de tableaux qui représenterait à l'heure actuelle un capital considérable.

Le nom d'Elisabeth Sophie CHÉRON, que l'Académie élut en 1672, pour n'être pas des plus répandus, n'en est pas moins connu des érudits et ce qui nous reste de son œuvre est assez important pour que nous puissions juger de ses talents. Je dis ses talents, car ils furent multiples. Tout à la fois peintre, graveur, musicienne et poète, Sophie Chéron fut une des figures originales de son temps.

Née en 1648, d'un père protestant et d'une mère catholique, Sophie Chéron fut élevée dans la religion réformée. Un séjour qu'elle fit, étant encore toute jeune, à Jouarre, où elle devait faire le portrait d'une abbesse, décida de sa conversion, et, de protestante exaltée qu'elle était, elle devint catholique fervente. Quelque temps après, son père ayant abandonné sa famille en la laissant sans ressources, elle sut, par son activité, pourvoir aux besoins de sa mère et de ses sœurs et payer les dettes de son père, tout en dirigeant l'éducation de son frère Louis, qui, resté protestant, fut plus tard obligé de quitter la France et laissa en Angleterre, où il se réfugia, la réputation d'un peintre de talent.

Sophie Chéron avait été reçue académicienne comme peintre de portraits ; mais son caractère était trop entreprenant, son activité trop dévorante pour qu'elle se bornât à un seul genre. Tandis que l'Académie Royale de Peinture et de Sculpture l'accueillait dans son sein, estimant ses ouvrages « très rares et dépassant même la force ordinaire de son sexe », son talent de musicienne lui ouvrait les portes de celle de Bologne, où elle recevait le surnom d'Erato. En même temps, elle faisait paraître son premier volume de psaumes, traduits en vers, avec des illustrations de son frère Louis.

Le portrait de cette laborieuse artiste, peint par elle-même, se trouve au musée de Versailles. Elle s'est représentée assise, le bras droit appuyé sur un socle, et déroulant un dessin. C'est une brune, un peu épaisse, à l'œil noir et vif, à la physionomie intelligente et décidée. Sa peinture pour être légèrement noire dans les ombres, et d'une exécution tant soit peu lourde, n'est cependant pas sans mérite, et si l'on songe que c'est son morceau de réception, il est permis de supposer qu'elle devint par la suite une habile artiste. Malheureusement les points de comparaison nous manquent. Le seul tableau qui nous soit parvenu en dehors de celui dont je viens de parler est une *Madeleine tenant un vase de parfums*, du musée de Rennes, composition assez banale, pour laquelle l'artiste semble s'être inspirée de l'Ecole Bolonaise de son temps.

S'il nous reste peu de tableaux de Sophie Chéron, il nous est plus facile de juger de son talent comme graveur. Un grand nombre de ses œuvres en ce genre sont conservées au cabinet des estampes et nous disent plus éloquemment qu'aucune biographie toute une vie d'efforts souvent couronnés de succès. Du long séjour qu'elle fit en Italie, elle semble avoir rapporté un goût très prononcé de l'antique, goût qui, à cette époque, dominait avec Poussin dans l'Ecole française. Elle fit de nombreux travaux d'après les médailles et les pierres gravées qui se trouvaient en Italie dans les principales collections. Têtes d'empereurs et d'impératrices romaines, scènes mythologiques, elle reproduisait tout d'un burin un peu timide et un peu maladroit parfois, mais qui ne manque ni de charme, ni de couleur. Quelquefois aussi l'artiste s'essayait à des compositions originales, ou du moins qu'elle nous donne comme de son invention, telles que *Narcisse amoureux de lui-même, Pan et Syrinx;* mais l'imitation de l'antique y est malheureusement trop flagrante pour qu'il soit possible de lui en attribuer tout le mérite. On trouve également dans le recueil du département des estampes un portrait du P. Bourdaloue, assez pauvrement gravé par P. de Rochefort, un portrait de Nicole, et un autre de Mme Deshou-

ÉLISABETH SOPHIE CHERON

par elle-même

COLLECTION ET. ARAGO

lières, enfin un assez beau portrait du F. Sébastien Fruchet, carme, gravé par Thomassin, qui est plein d'accent et de vie.

Comme je l'ai dit plus haut, Sophie Chéron ne se contenta pas d'être peintre et graveur, elle fut encore musicienne et aussi poète. Il n'entre pas dans le cadre de cette étude de nous étendre longuement sur son talent, à ce dernier point de vue ; toutefois dans la traduction en vers qu'elle fit du livre des Psaumes, elle donna une nouvelle preuve des dons qu'elle avait reçus de la nature, et qui, concentrés sur un objet unique, l'eussent sans doute mise hors pair. Les vers suivants qu'elle composa sur le fameux psaume *Super flumina Babylonis*, et qui devaient être aussi paraphrasés par Racine dans Esther, me semblent dignes d'être cités :

Assis sur l'orgueilleuse rive
Où Babylone règne et voit couler nos pleurs
Captifs nous déplorions tes funestes malheurs,
Triste Sion, déplorable captive.
Nos harpes, nos hautbois, aux saules suspendus.

Muets n'étaient plus entendus.
En vain nos durs vainqueurs, enflés de leur victoire,
Se flattaient d'en ouïr les déplorables sons :
« Chantez, nous disaient-ils, ces célèbres chansons
Qui de votre Sion jadis vantaient la gloire ! »
Hélas, leur disions-nous, par ces cruels mépris
Pourquoi renouveler nos douleurs assoupies ?
Ces cantiques si saints, les avons-nous appris
Pour être profanés en des terres impies ?
Déplorable Sion, si jamais l'avenir

De tes cruels malheurs m'ôte le souvenir,
Que sur nos luths sacrés mes doigts s'appesantissent,
Que la langue me reste attachée au palais
O Jérusalem, si jamais
Sur les bords étrangers tes concerts retentissent !

La muse de Sophie Chéron savait aussi, quand il le fallait, passer du grave au doux. Un biographe anonyme de l'artiste fait mention parmi ses œuvres littéraires d'un poème intitulé *les Cerises* qui était, dit-il, « d'un comique ingénieux. » Bien qu'il ait été imprimé, je n'ai pu en retrouver la trace.

Sophie Chéron mourut en 1711. Jusqu'à son dernier jour, elle se montra l'artiste laborieuse que l'on vient de voir. Pendant les trente-neuf ans qu'elle fit partie de l'Académie, elle ne cessa de correspondre avec elle, mettant ses confrères au courant de ses travaux et leur envoyant ses meilleures gravures. Elle laissa d'ailleurs un œuvre considérable. En dehors des ouvrages dont nous avons parlé plus haut, nous savons soit par les livrets des expositions du temps, soit par le témoignage de ses contemporains, Mariette, d'Agenville, Fermel'huis, etc., qu'elle fit de nombreux portraits, entre autres ceux de *Monseigneur*, du roi Casimir de Pologne, du prince de Condé, de Mlle de Montpensier, etc. Parmi ses tableaux religieux ou d'histoire, on cite : Une *Salutation angélique*, une *Mise au tombeau*, une *Fuite en Egypte*, une *Sainte Famille* et une *Cassandre interrogeant un génie sur les destinées de Troie.* Elle peignit aussi des paysages.

Quelque temps avant la mort de Sophie Chéron, l'Académie avait décidé qu'aucune femme ne serait plus admise. « Cette mesure, dit Fermel'huis dans son *Eloge de Sophie Chéron,* ne signifiait-elle pas qu'aucune femme ne pourrait surpasser celles élues précédemment? » Je crois, pour ma part, que les académiciens avaient un autre but, et qu'ils voulaient par là se mettre en garde contre une invasion féminine qui prenait des proportions inquiétantes. A cette époque, en effet, ils ne comptaient pas dans leurs rangs moins de six femmes artistes : les deux sœurs Boulogne, Sophie Chéron, Anne Strésor, Catherine Perrot et DOROTHÉE MASSE. Tout ce que l'on sait de cette dernière, c'est qu'elle était veuve d'un sieur Godequin quand elle fut élue, le 23 novembre 1680 sur « un agencement taillé sur bois, avec beaucoup de délicatesse, à l'entour d'un écusson et d'un chiffre. « On ne connait guère mieux CATHERINE PERROT ou PEROT, femme Ourry, qui fut reçue le 31 janvier 1682. Elève de Nicolas Robert, elle donna des leçons à Louise Gabrielle de Savoie, première femme du roi d'Espagne Philippe V. Nous ne pouvons signaler aucune œuvre de sa main. Sans doute, en fouillant parmi les innombrables vélins du Muséum d'histoire naturelle, pour lequel Robert travailla longtemps, on aurait chance de trouver quelque gouache de Catherine Perrot. Malheureusement ce trésor est conservé avec un soin jaloux et je n'ai pu y pénétrer.

Catherine Perrot a laissé un Traité de miniature, composé sans doute à l'usage des gens de cour qui s'amusaient à enluminer des dessins, calqués sur des gravures de fleurs ou d'animaux. Dans ce bizarre opuscule, on trouve, à défaut d'enseignement artistique sérieux, des recettes d'une naïveté réjouissante, telles que celle-ci : « Pour faire un *Christ mort*, il faut prendre de « l'outre-mer, du carmin et un peu d'ocre jaune ; « duquel mélange, mis dans beaucoup d'eau, « vous glacerez tout le corps... » *Et nunc, pictores, erudimini !*

Ni Catherine Perrot, ni Dorothée Masse n'ont laissé aucun ouvrage authentique. L'œuvre d'Anne STRÉSOR a également disparu. Nous avons toutefois, sur cette dernière, des documents qui permettent d'établir sa biographie.

Anne Strésor naquit le 23 janvier 1651. Son père, Henri Strésor était peintre, et l'abbé de Marolles, dans son *Livre des Peintres*, n'a eu garde de l'oublier (1). Orpheline de bonne heure, Anne Strésor se distingua d'abord comme miniaturiste. Un portrait qu'elle fit de la dauphine Marie-Christine de Bavière et qui « n'était pas

(1) On a prisé Le Maire et l'Alleman Strésor.
(M. de Marolles, *Le livre des Peintres*.)

plus grand que la tête d'une broquette » assura sa réputation. Le roi lui-même loua publiquement l'ouvrage et dit que la personne qui avait fait ce portrait devait être au rang des plus habiles.

Elle se présenta à l'Académie le 24 juillet 1677, et fut admise le même jour. Guérin, dans la description qu'il fait de l'Académie en 1715, parle d'une miniature de Mlle Strésor, représentant *Jésus-Christ apparaissant à saint Paul dans son voyage de Damas.* C'est sans doute de son morceau de réception qu'il s'agit.

Estimée pour son talent, recherchée comme femme, il semblait que la jeune artiste n'eût qu'à suivre l'existence brillante qui s'offrait à elle. Il n'en fut rien. A l'âge de trente ans, elle renonça subitement au monde pour prendre le voile. Examinée pour la profession par M. de Barde, chanoine et docteur en théologie, elle entrait bientôt après au couvent de la Visitation de Chaillot.

Anne Strésor n'avait pas de fortune, et si on la reçut sans dot, ce fut à condition qu'elle apprendrait la peinture à l'huile pour décorer l'église que les sœurs allaient faire bâtir. C'est là que la sœur Strésor, dans les trente-deux ans qu'elle vécut de la vie monastique, accomplit d'importants travaux. On lit, en effet, dans une description qu'a laissée la supérieure de ce couvent :
« Entre chaque trumeau, il y a des tableaux de
« grandeur naturelle qui représentent des actions
« de la vie de Notre-Seigneur, ou qui ont rap-

« port à la prière. Ils sont, comme ceux de l'a-« vant-chœur, d'une de nos chères sœurs qui a « un talent extraordinaire pour la peinture et « qui nous est d'une grande utilité. »

Anne Strésor mourut en 1713, sans avoir quitté le couvent où elle avait passé la plus grande partie de sa vie. Le couvent de la Visitation de Chaillot a disparu, et avec lui l'œuvre de notre artiste. Quant aux travaux qu'elle fit antérieurement, on n'en trouve aucune trace, excepté peut-être dans une « explication des tableaux et statues exposés à l'hôtel Sennectaire », où sont mentionnés : une *Famille de Darius*, et un *Sarifice d'Abraham*, d'après Lebrun, par Mlle *Cetrésor* (*sic*).

L'exclusion prononcée par l'Académie Royale de Peinture et de Sculpture contre les femmes ne devait pas être de longue durée. Dix ans après que cette décision eut été prise, elle ouvrait ses portes à une artiste dont la renommée fut européenne, et qui reçut à Paris un accueil enthousiaste : j'ai nommé la ROSALBA. Cette artiste, dans un journal qu'elle a laissé, nous a raconté, jour par jour, les incidents de son voyage et de son séjour en France. Nous n'avons qu'à puiser dans ces curieux documents, qu'un ami de l'artiste, le chanoine Vianelli, nous a conservés :

C'est au mois d'avril de l'année 1720 que la signora Rosa Alba Carriera accompagnée de ses deux sœurs, Angela et Giovanna, et de son beau-frère Antonio Pellegrini, arriva à Paris. Elle était alors âgée de quarante-cinq ans et dans tout l'éclat de sa renommée. Point jolie, mais d'une figure douce et sympathique, sa modestie et sa grâce la faisaient partout rechercher. Elle n'avait pas jusque-là quitté Venise, sa patrie, et c'était en vain que les plus nobles personnages de l'Italie et de l'Allemagne avaient tenté de l'attirer auprès d'eux. Ni le roi Frédéric IV de Danemark, avec lequel elle entretenait une correspondance suivie, ni le grand-duc de Mecklembourg, ni l'électeur de Saxe, Frédéric-Auguste, n'avaient pu la décider à venir à leur cour. L'empereur d'Allemagne avait également échoué. Le célèbre amateur Crozat, qui visita Venise en 1715, fut plus heureux, car cinq ans plus tard il recevait la célèbre artiste dans son hôtel de la rue Richelieu.

Elle n'eut pas d'ailleurs à regretter sa résolution, et, toute sa vie, elle devait garder le plus agréable souvenir de cette « aimable nation française », qui l'avait si bien reçue. Paris était il est vrai, à cette époque, la cité bénie des artistes, et l'École française était la seule qui ne fût pas en complète décadence. Rigaud, Largillière, Watteau vivaient encore, et avaient pour les comprendre et les encourager des Mécènes, tels que Crozat, Mariette de Julienne, et le comte de Caylus. A peine arrivée, la Rosalba se lia avec ces esprits d'élite, et bientôt après tout ce qu'il y avait à Paris de noble, de riche et d'intelligent se disputait l'honneur de recevoir la célèbre Vénitienne.

Au point de vue purement matériel, la Rosalba ne fut pas moins bien traitée, et les commandes ne tardèrent pas à lui arriver en foule. Le moment était du reste singulièrement favorable. Tout le monde sait, en effet, quel curieux spectacle présentait la France dans cette année 1720. C'était le moment des spéculations fiévreuses, des fortunes faites et défaites en un jour ; on s'étouffait, rue Quincampoix, pour obtenir des actions de la fameuse Banque, et le véritable roi de France n'était pas Louis XV, mais John Law que la Rosalba connut alors pour la première fois, et qu'elle devait retrouver quelques années plus tard à Venise, exilé, misérable, et réduit aux précaires ressources du pharaon et de la bassette.

Tous ces enrichis de la veille, dont un grand nombre devaient être pauvres le lendemain, vinrent donc assiéger la demeure de l'artiste, lui demandant soit un pastel, soit une miniature. Dans ces périodes de prospérité factice, où l'on ne compte que par millions, la valeur de l'argent va chaque jour s'avilissant ; aussi la Rosalba fut-elle largement rétribuée de ses travaux. Son journal fait mention de trente-six portraits qu'elle exécuta pendant dix-huit mois que dura son séjour, et quand on songe à la vie active qu'elle mena pendant ce temps, aux excursions, aux promenades, aux visites reçues et rendues, on s'étonne qu'elle ait eu le temps de satisfaire à tous ses engagements.

Un nouvel et suprême honneur attendait l'aimable artiste : le 26 octobre 1720, elle était reçue par acclamation membre de l'Académie Royale de Peinture et Sculpture.

La Rosalba demeura encore quatre mois à Paris, pour satisfaire aux nombreuses demandes des amateurs ; mais déjà, elle a le mal du pays et regrette la vie tranquille et retirée qu'elle menait dans la lagune. D'ailleurs, l'étoile de Law commence à pâlir ; une vague inquiétude règne dans les esprits, et c'est à grand'peine que le peintre Pellegrini peut se faire payer un important travail qu'il a fait pour la salle du Conseil de la Banque. Au mois de mars 1721, la Rosalba se décide à regagner sa patrie et dit adieu à la France qu'elle ne doit plus revoir.

Je n'ai pas l'intention de raconter ici cette belle et laborieuse carrière d'artiste que termina si tristement une longue cécité. Encore moins voudrais-je faire l'inventaire de l'œuvre immense qu'elle a laissé. Ses ouvrages d'ailleurs sont de ceux qui n'ont pas besoin de commentaires : il suffit de les voir pour en apprécier les gracieuses et séduisantes qualités. Pour s'en convaincre, il faut aller au Louvre, à Venise, à Dresde sourtout qui possède soixante-dix-huit pastels de l'habile Vénitienne, provenant pour la plupart de cette fameuse collection du duc de Modène, acquise par Auguste III, on sait après quelles péripéties, et qui fut un des noyaux les plus importants de la galerie du roi de Saxe. Aucun pastelliste assurément, même notre Latour, n'a mis dans ses œuvres une harmonie plus suave; nul n'a mieux su rendre la transparence nacrée des chairs ou la douceur veloutée du regard : toutefois, sous ces brillantes qualités se cachent des défaillances de dessin qui trahissent une éducation première insuffisante ou les exigences d'une production hâtive et forcément superficielle. Au reste, l'enthousiasme suscité tout d'abord par les œuvres de la Rosalba fut bientôt ramené à de plus justes limites. C'est ainsi que quatre de ses pastels, représentant les Saisons, qui avaient été payés 30,000 francs par l'électeur de Cologne, furent achetés quelques années plus tard par M. de Julienne au prix de 4,000 francs. A la vente de ce dernier, en 1766, ces mêmes pastels étaient adjugés pour 1,800 francs. *Sic transit gloria* ! Il est vrai que de nos jours les œuvres de la Rosalba, assez rares dans le commerce, ont retrouvé une partie de leur ancienne faveur.

C'est surtout comme peintre de pastels que la Rosalba est connue. Bien des personnes croient encore qu'elle inventa ce procédé nouveau, et qu'elle le cultiva à l'exclusion de tous les autres. C'est là une double erreur. Plusieurs artistes, Vivien entre autres, avaient avant elle adopté ce genre facile et expéditif et quand la Rosalba s'en servit, elle avait déjà fait de nombreux ouvrages tant à l'huile qu'en miniature. Je ne sache pas qu'aucun tableau à l'huile de sa main nous ait été conservé. Quant à ses miniatures, c'est encore à Dresde qu'il faut les aller voir. Le Musée de cette ville en possède une importante et curieuse collection.

Deux ans après l'admission de la Rosalba à l'Académie, une autre artiste, étrangère comme elle, sollicita le même honneur. C'était une Hollandaise, nommée Marguerite HAVERMAN, femme d'un certain Jacques de Mondoteguy.

« Elle présenta, raconte Hulz, un tableau de « fleurs d'un très beau terminé, dans le goût de « Van Huysum, son maître, et, apparemment de « lui. On la reçut sur de fortes recommandations « et à la charge ordinaire de donner un tableau « de réception. Tout ce qu'elle fit pour éluder ce « point décela la surprise qu'elle avait faite à « l'Académie et la fit ôter de sur la liste où elle « n'a été qu'une seule année. »

Cette singulière supercherie rendit les académiciens plus circonspects, et pendant de longues années ils repoussèrent toute candidature féminine. C'est seulement au bout de trente-deux ans, le 30 juillet 1754, qu'ils se décidèrent à agréer la femme de leur confrère Vien. Marie-Thérèse REBOUL, femme Vien, était-elle réellement digne de cet honneur? Il faudrait, pour en juger, connaître quelques-unes des œuvres de l'artiste et malheureusement, en dehors d'un dessin de médiocre valeur que possède actuellement le musée du Louvre, il ne m'a été donné de voir aucun ouvrage de sa main. Il nous faut donc suppléer tant bien que mal à cette lacune en interrogeant les critiques contemporains, ce qui est un assez mauvais moyen d'information.

Voici d'abord l'opinion de Diderot qui fut l'ami et l'un des plus fidèles admirateurs de son mari. Dès 1759 (1), année ou elle exposa pour la deuxième fois, il lui consacre un article élogieux dans la forme, mais qui ne nous donne pas toutefois une bien haute idée du talent de l'artiste : « Les morceaux de Mme Vien, dit-il, ont le mé« rite qu'il faut désirer, la patience et l'exacti« tude. Un portefeuille de sa façon instruirait « autant qu'un cabinet, plairait davantage et ne « durerait pas moins. »

L'éloge est mince. La patience et l'exactitude sont assurément des qualités fort louables en soi ; toutefois, elles ne suffisent pas à faire un grand

(1) Elle avait exposé quatre petits tableaux, représentant : une perdrix morte ; une corbeille de fleurs, une corbeille de fleurs dans une bouteille ; deux grands papillons et un petit. (Livret du Salon de 1759.)

artiste, et je doute que les Fyt, les Hondecoter, les Chardin eussent été flattés d'apprendre que leurs ouvrages étaient dignes d'illustrer un traité d'histoire naturelle, il est donc permis de croire que, sous la naïveté apparente de sa louange, Diderot cache un peu d'ironie. En 1763, il parle des envois de Mme Vien au Salon de cette année à peu près dans les mêmes termes : « Cette femme peint à merveille les oiseaux, les insectes et les fleurs. Elle sait même échauffer les sujets les plus froids. Ici, c'est un émouchet qui terrasse un petit oiseau; là, deux pigeons qui se baisent. Si elle suspend par les pattes un oiseau mort, elle en détachera quelques plumes qui seront tombées par terre et sur lesquelles on serait tenté de souffler pour les écarter. Ses bouquets sont ajustés avec élégance et goût. J'aimerais bien autant un portefeuille d'oiseaux, de chenilles et autres insectes de sa main que ces objets en nature, rassemblés sous des verres dans mon cabinet. »

Qui n'entend qu'une cloche n'entend qu'un son. Ne nous en tenons donc pas au seul Diderot et continuons notre enquête en interrogeant un adversaire du philosophe. « Mme Vien augmente « l'étendue de son talent, est-il écrit à propos de « ce même Salon dans l'*Année littéraire*. Elle « a peint une perdrix dont le fini et le moelleux « du pinceau enchante, aussi bien que des fleurs « qui sont d'une grande vérité. Les papillons « qu'elle a faits tromperaient ceux qui ne sont « pas prévenus. »

Dans les numéros du *Mercure de France* qui traitent des expositions de peinture, il est rarement parlé de Mme Vien, ou si son nom est prononcé, c'est pour ne lui décerner qu'un court et banal éloge. N'importe, nous en savons assez pour être édifiés sur son talent. La petite dimension de ses œuvres, non moins que son faire précieux doivent la faire classer parmi les miniaturistes, et si ses œuvres devaient se rattacher à quelque école de peinture, ce serait à celle des petits maîtres hollandais tels qu'Abraham Mignon et Gerard van Spaendonck dont les tableaux se recommandent par la minutieuse perfection des plus petits détails.

Mme Vien exposa aux Salons de 1757, 1759, 1763 et 1767. A partir de cette époque, son nom ne figure plus sur les Livrets. Fut-elle découragée de son art par les critiques du temps qui se montrèrent, cette dernière année, particulièrement durs pour elle, allant jusqu'à lui contester la paternité de ses œuvres? Toujours est-il que, jusqu'à sa mort, on n'entend plus parler d'elle. Elle vécut cependant de longues années encore, accompagna son mari en Italie quand il fut nommé directeur de l'École de Rome (1), et eut le bonheur, après avoir passé auprès de lui les mauvais jours de la Révolution, de le voir de nouveau riche et honoré. Elle mourut en 1805, précédant de quatre ans dans la tombe son époux, alors

(1) Voir Lecoy de la Marche. — *L'Académie de France à Rome.*

comte de l'Empire, sénateur et l'un des grands dignitaires de la Légion d'honneur.

Le musée du Louvre possède un portrait de Mme Vien. Il a été peint par Roslin, l'ami et le collègue de son mari. Ce fut chez ce dernier que le peintre suédois rencontra une jeune fille d'une rare beauté dont il devint vivement épris : Marie-Suzanne GIROUST. Roslin la demanda en mariage; mais il était étranger, protestant, et enfin de seize ans plus âgé que la jeune fille. Il échoua tout d'abord. Mais sa persistance, non moins que la haute protection du comte de Caylus, finirent par triompher de la résistance de sa famille. Il l'épousa après cinq ans d'attente, le 8 janvier 1759.

Onze ans plus tard, Mme ROSLIN qui avait continué d'étudier la peinture sous la direction de son mari, se présenta à l'Académie. Elle y fut admise le 1er janvier 1770, sur le portrait du sculpteur Pigalle.

La vie s'ouvrait belle pour cette gracieuse jeune femme, dont les traits nous ont été conservés par un portrait peint par son mari (1), quand une cruelle maladie vint l'enlever. Elle mourut, le 31 avril 1772, d'un cancer au sein.

(1) Voir Cat. de l'Exposition des Portraits historiques par M. Jouin, nº 624.

Le portrait de Pigalle ne se trouve plus à l'École des Beaux-Arts, mais à défaut de ce portrait, le Louvre en possède un autre de Dumont le Romain qui nous montre que Mme Roslin ne manquait pas de talent et que l'Académie, en la recevant, fit acte de justice. Les critiques en saluant les débuts de l'artiste, l'avaient comparée à Latour. Nous n'irons pas aussi loin. Mais, en dépit d'une couleur rougeâtre et dure, ce portrait a de réelles qualités; il est bien construit, d'une exécution serrée, plein d'expression et de vie. En somme, il est permis de croire que, si elle eût vécu, Mme Roslin se serait fait une place honorable dans l'École française.

Nous voici de nouveau en présence d'une artiste qui, louée avec excès de son vivant, est aujourd'hui profondément oubliée. Il nous faut, cependant, puisqu'elle a été de l'Académie, lui réserver une petite place dans cette étude.

Anne VALLAYER naquit à Paris, en 1744, suivant M. Villot. Cette date est-elle exacte ? Je ne sais. Toutefois, elle est en contradiction avec le *Mercure de France* qui, dans son numéro de septembre 1770, annonce en ces termes la réception de cette artiste à l'Académie : « Le sa« medi 28 juillet, Mlle Vallayer, *âgée de vingt-« deux à vingt-trois ans*, a été présentée et « agréée le même jour à l'Académie. Ses ta-

« bleaux, dans le genre de fleurs, de fruits, de « bas-reliefs, d'animaux, ont été la meilleure « recommandation de ses talents. Elle peut se « placer à côté des maîtres célèbres, et, *dans un* « *âge si tendre*, elle a porté l'art si difficile de « rendre la nature à un degré de perfection qui « enchante et qui étonne. »

De son côté, Bachaumont dit : « l'Académie de « Peinture et de Sculpture, moins exclusive que « les autres, nous donne l'exemple, rare il est « vrai, mais encourageant pour le sexe, de fem- « mes admises dans son sein. Le 28 juillet der- « nier, Mlle Vallayer, *âgée de vingt-deux à* « *vingt-trois ans*, lui a été présentée et a été « agréée le même jour. »

Qu'elle eût vingt-trois ans, comme le dit le *Mercure*, ou vingt-six ans, si l'on adopte l'opinion de M. Villot, cela importe peu. Ce qui est certain, c'est qu'elle était jeune, déjà célèbre et aussi fort jolie. Les vers suivants, qui lui furent adressés peu après sa réception, en font foi :

C'est l'équité, non la faveur,
Qui t'ouvre avec transport le temple de la gloire;
Faut-il qu'une trop juste et trop sainte douleur (1)
Flétrisse les lauriers que t'offre la victoire!
Les Plaisirs, les Amours, vers toi prompts à voler,
S'empressent de sécher des larmes
Qu'eux seuls voudraient faire couler.
Qui ne connaîtrait pas tes charmes

(1) Son père mourut le surlendemain de sa réception.

Et ne verrait que tes talents
Te croirait à l'automne et tu n'es qu'au printemps.
Que tes tableaux divers rendent bien la nature,
Tu peins deux arts que tu chéris,
Et la Musique et la Peinture.
Quelle touche! Quel coloris!
Tu ne pouvais manquer cette double couronne :
Bas-relief, vase, fruits, légumes et lapin
Sous tes magiques doigts, tout a son trait certain.
Mais quel que soit l'effort de ton pinceau, je croi
Qu'il ne fera jamais rien d'aussi beau que toi.

L'auteur de ces vers, un certain M. Guichard, n'était assurément pas un grand poète ; mais nous n'avons aucune raison de suspecter son témoignage, quant à ce qu'il dit de la beauté de Mlle Vallayer. Peut-être, en matière d'art, n'était-il pas non plus un juge bien expert et faudrait-il se défier des éloges qu'il lui décerne, si, avec lui, les critiques du temps n'avaient été unanimes à louer les premières œuvres de la jeune artiste. Diderot, qui ne s'enthousiasme jamais à demi, se laisse aller, en parlant d'elle, aux hyperboles les plus élogieuses.

« Quelle vérité, Monsieur, dit-il dans son « Salon de 1771, et quelle vigueur dans ce ta- « bleau ! Mlle Vallayer nous étonne autant « qu'elle nous enchante. C'est la nature, rendue « ici avec une force et une vérité inconcevable, « et en même temps une harmonie de couleur « qui séduit. » Un autre de ses tableaux est jugé par le même Diderot « surprenant ». Celui-là est « une magie d'imitation ». Ce dernier « le dispute à la nature. » « Ce n'est pas Chardin, « ajoute-t-il pour conclure, mais au-dessous de « ce maître, cela est fort au-dessus d'une femme. »

Non certes, ce n'est pas Chardin. Cela est même fort loin du froid et sec Roland de la Porte. Un des morceaux de réception de Mme Vallayer Coster (1) se trouve aujourd'hui au Louvre et pourrait nous donner une fâcheuse idée du goût de Diderot, si nous n'étions habitués à ces enthousiasmes immodérés, sur lesquels il revient d'ailleurs de la meilleure grâce du monde. En 1775, il est beaucoup plus calme dans ses éloges. Enfin, en 1781, il reconnaît qu'il s'est trompé et apprécie l'artiste à sa juste valeur. « Composition agréable, dit-il, mais de nul « effet..... il y a de la vérité, mais la touche est « molle et froide. Rien de la finesse particulière « de dessin et de pinceau que ce genre exige.. . « La corbeille de raisins est égale de ton et sans « effet. »

Mme Vallayer Coster a peint un nombre considérable de tableaux. Son nom figure dans la plupart des Catalogues de vente de la fin du XVIIIe siècle et du commencement du XIXe. Ses œuvres aujourd'hui sont devenues plus rares. Il est probable qu'elles ont été travesties et ont servi à fabriquer ces faux chefs-d'œuvre qui se trouvent, si nombreux, dans les ventes artisti-

(1) Elle avait épousé, le 23 avril 1781, Jean-Pierre-Sylvestre Coster, avocat au Parlement.

ques de notre temps. Un certain nombre de tableaux authentiques de Mme Coster subsiste toutefois dans nos galeries publiques. En dehors du tableau du Louvre dont j'ai parlé plus haut et qui représente les *attributs de la musique et de la peinture*, l'on peut voir deux tableaux de nature morte de sa main, l'un au Palais de Fontainebleau, l'autre au ministère de la Justice. Le Musée de Nancy possède aussi de cette artiste un *vase de fleurs* et un *panier de raisins*. A ces différents ouvrages il convient d'ajouter un portrait de femme du Musée de Nancy qui lui est attribué par le comte Clément de Ris, dans ses *Musées de province*, et deux petits panneaux de forme ovale qui ont figuré en 1883, à l'expositfon de l'Art au XVIIIe siècle, rue de Sèze. Dans tout cela, rien qui dépasse une honnête médiocrité.

Le genre préféré de Mme Vallayer-Coster paraît avoir été la nature morte. Toutefois elle peignit aussi de nombreux portraits, entre autres ceux de l'abbé Lemonnier, de M. de Montullé, associé libre de l'Académie, et de M. Roettiers, graveur général des monnaies. Elle prit part à presque toutes les expositions depuis 1771 jusqu'en 1817. Elle mourut l'année suivante, le 28 juillet, âgée de soixante-quatorze ans.

Le portrait de Mme Coster a été peint en 1783 par Roslin. A défaut de ce portrait dont j'ignore la destinée, les traits de l'artiste nous ont été conservés par un de ses dessins qui a été gravé par Letellier et reproduit dans le *Magasin pittoresque*, en 1851.

On peut voir à l'École des Beaux-Arts, un tableau de moyennes dimensions représentant *un homme le verre en main, éclairé d'une bougie.* Ce tableau, en dépit d'une certaine sécheresse de touche et d'une couleur briquetée, qui offense l'œil, n'est pas sans mérite. Il est bien dessiné et renferme certaines qualités viriles qui surprennent quand, en s'approchant, on voit qu'il est signé d'un nom de femme. Qui est cette Mme TERBUSCH et que vient faire ce nom étranger dans notre École française? L'artiste est étrangère en effet, elle est née sur les bords de la Sprée. Mais elle a passé quelques années en France, son tableau a été fait à Paris ; c'est son morceau de réception pour l'Académie où elle a été reçue le 24 février 1767. C'est pour cela que son *buveur* figure parmi les œuvres d'artistes Français.

Anne-Dorothée Liscewska, femme Terbusch, naquit à Berlin, en 1722, suivant Nagler; en 1728, s'il faut croire les registres de l'Académie. Cette divergence n'est pas pour nous surprendre ; les renseignements de l'Académie doivent provenir de l'artiste elle-même, et quelle femme ne se trompe pas en pareille occurrence ? Ce qui me ferait hésiter cependant, c'est certaine accusation malséante, dont Diderot fut l'objet et, que les quarante-cinq ans de l'artiste (si l'on adopte l'opinion de Nagler) rendent tout à fait cruelle pour le pauvre encyclopédiste. — Passons. — D'origine polonaise, comme son nom l'indique, elle appartenait à une famille d'artistes, fixée en Prusse depuis deux générations. Son père George, son frère George-Frédéric et ses deux sœurs Anne-Rosine et Julie Liscewska s'adonnèrent à la peinture et semblent avoir été des artistes distingués. Anne Dorothée était depuis longtemps connue dans son pays. Elle arrivait à Paris avec une grande réputation, un amour-propre plus grand encore, et s'attendait à recevoir le même accueil que, quarante-six ans plus tôt, la France avait fait à la Rosalba. Mais elle avait trop présumé de son talent et devait, par la suite, s'exposer à de cruels mécomptes. A peine arrivée, elle présenta à l'Académie un effet de nuit assez vigoureux, paraît-il, et qu'on eût cependant l'impolitesse de refuser. Loin de se décourager, elle se remit à l'œuvre et peignit le tableau dont j'ai parlé plus haut et qui lui valut le titre d'Académicienne.

Ce premier succès ne suffisait pas à l'ambitieuse Prussienne : elle désirait vivement être présentée à la cour et faire un tableau pour le roi ; mais les temps étaient durs alors pour les artistes et le surintendant des Beaux-Arts, Poisson-Mécène, comme l'appelle Grimm (1), arrivait à grand'-

(1) Abel-François Poisson, marquis de Vandières, puis de Marigny, nommé directeur des bâtiments du roi en 1751,

peine à payer aux artistes français de maigres à-comptes sur les commandes qu'ils avaient reçues. En somme, soit malechance, soit manque de savoir-faire, elle ne sut pas se faire adopter par la haute société. « Ce n'était pas le talent qui lui « manquait, elle en avait du reste. C'est la « jeunesse, c'est la beauté, c'est la coquetterie. « Il fallait s'extasier sur le mérite de nos grands « artistes, prendre leurs leçons, avoir... » J'arrête ici ma citation. Aussi bien, certains de mes lecteurs pourraient trouver Diderot, à qui j'emprunte ces lignes, un peu trop Gaulois. Que ceux qui sont d'un avis contraire, et j'avoue humblement être de ce nombre, veuillent bien rechercher, dans le salon de 1767, les pages que consacre à Mme Terbusch le spirituel encyclopédiste : jamais il n'a été plus plus étincelant de verve et de belle humeur. Que d'appréciations justes et spirituelles sur le talent de l'artiste ! Que de fine ironie dans les conseils qu'il lui donne sur le « moyen de parvenir » ! Que de bonhomie dans la manière dont il nous conte ses aventures avec « l'indigne Prussienne » ! Tout est à lire dans ce long article pour ceux du moins qui ne craignent pas le mot propre (même quand il est un peu cru) et qui, avec Boileau, aiment à entendre appeler un chat : un chat.

Revenons à Mme Terbusch. Elle ne fit pas un

à la mort de M. de Tournehem. Il garda cette charge jusqu'en 1773.

long séjour à Paris, car, au moment où s'ouvrit le Salon de 1767, c'est-à-dire en septembre, elle avait déjà quitté la France pour fuir les créanciers qui la harcelaient. Elle envoya à cette exposition, outre le tableau dont j'ai parlé tout d'abord, une tête de poète, pleine de verve et de couleur, et plusieurs portraits. Le catalogue de 1767 ne nous dit pas quels étaient les personnages représentés. Nous savons seulement que l'un d'eux était Diderot, et lui-même donne ce portrait comme un des meilleurs qu'on ait faits de lui. Elle avait en outre présenté un grand tableau dont le sujet était : *Jupiter métamorphosé en Pan qui surprend Antiope endormie.* Mais le comité, pris d'une crainte pudique qui n'était peut-être qu'un prétexte, refusa de l'admettre.

Mme Terbusch retourna-t-elle directement dans sa patrie, ou alla-t-elle en Italie, comme on le lui avait conseillé, pour y briguer les lauriers académiques « plus aisés à cueillir et plus odoriférants en Allemagne que les nôtres? » Je ne sais, mais si elle ne fit pas ce voyage, sa réputation, du moins, traversa les Alpes, car elle mourut membre de l'Académie de Bologne. Ce qu'on peut affirmer aussi. c'est qu'elle finit ses jours dans sa patrie où elle fit pour les cours de Prusse et de Russie de nombreux travaux.

Le *buveur*, dont nous avons parlé plus haut, n'est pas le seul tableau que nous ayons conservé de l'artiste berlinoise. Le musée de Versailles possède aussi un portrait en pied du roi Frédéric II, assez médiocre il est vrai, d'une touche molle et cotonneuse et peu ressemblant. J'ai cherché en vain son nom dans les catalogues de l'Hermitage et du musée de Berlin. Le département des estampes ne contient non plus aucune œuvre gravée d'après elle. On cite cependant une *Artémise*, gravée d'après un de ses tableaux, par Kaupertz.

Plus on avance dans le XVIIIe siècle, et plus les femmes artistes deviennent nombreuses. A cette époque, outre celles qui font partie de l'Académie, on rencontre beaucoup de femmes, pour la plupart parentes d'artistes célèbres et travaillant sous leur direction. Telles étaient Mlle Natoire, sœur de Charles, dont plusieurs pastels eurent l'honneur de figurer dans la collection de M. de Julienne, et Mlle Gérard, la belle-sœur et l'élève favorite du peintre Fragonard qui ne craignait pas de l'associer à ses travaux. Les catalogues du temps nous ont également conservé les noms de Mlles Rosemond et Capet; de Mlle Collot l'habile élève de Falconnet dont elle épousa plus tard le fils; de Mlle de Villebrune, etc., sans compter, à l'étranger, Angelica Kauffmann, dont la réputation était alors si grande en Allemagne, et qui, bien qu'ayant passé par la France en 1785, allant d'Angleterre en Italie, ne paraît pas avoir frappé aux portes de l'Académie. Le jour de la réception de Mme Roslin, l'Académie comptait déjà trois femmes dans ses rangs. Il fut arrêté, dans la même séance, que ce nombre ne serait pas dépassé. La mort de Mme Roslin, arrivée 1772, et celle de Mme Terbusch, survenue en 1782, laissèrent deux places libres ; on en disposa, en 1783, en faveur de deux artistes qui devaient être les dernières de leur sexe à jouir de cet honneur : Mmes Guyard et Vigée Lebrun.

Mme GUYARD, de son nom de fille, Adélaïde Labille des Vertus, naquit à Paris, le 11 avril 1749. Joachim Lebreton, qui, dans sa *Décade Philosophique*, lui a consacré un long article, dit qu'elle reçut des leçons de Latour. Cela est possible ; toutefois, au moment où elle dut commencer à étudier, Latour, déjà âgé et malade, ne travaillait plus guère, et il est peu probable qu'il ait pu avoir sur elle une influence déterminante. Son véritable maître fut le miniaturiste François-Elie Vincent, et c'est à lui que revient l'honneur d'avoir formé cette intéressante artiste.

Dès 1774, on la voit figurer à l'exposition de l'Académie de Saint-Luc, où elle envoya un portrait en pied et une miniature. En 1782, elle se présenta à l'Académie, et, pour faire tomber le préjugé qui s'attache quelquefois aux œuvres sorties de la main d'une femme, elle eut l'idée ingénieuse de faire les portraits de membres de l'Académie, afin qu'ils sussent par eux-mêmes si tout son talent lui appartenait. Elle avait une concurrente redoutable dans la personne de Mme Vigée Lebrun, plus jeune qu'elle de six ans, et alors dans tout l'éclat de son talent. L'Académie trancha galamment la difficulté en nommant à la fois les deux femmes peintres, le 31 mai 1783 (1).

A partir de cette année, elle figure régulièrement aux expositions. En 1783, elle envoie les portraits de l'acteur Brizard dans le rôle du *roi Lear* (2), des peintres Vien, Bachelier, Gois, Suvée, Beaufort, Voiriot; enfin, son propre portrait. En 1785, ce sont les peintres Joseph Vernet et Amédée Van Loo, et le graveur Cochin. En 1787, sa réputation est à son apogée, et les plus grandes dames de la cour se font peindre par elle. Aussi trouvons-nous dans le livret de cette année, sous le nom de Mme Guiard, les portraits de Mmes Sophie et Adelaïde, filles du roi Louis XV qui l'avaient nommée leur premier peintre, de

(1) J'ai dû, pour ce qui concerne Mme Guyard, faire de nombreux emprunts à la *Notice* de M. Villot, qui lui-même n'a fait que reproduire, à peu de choses près, l'article précité, de Joachim Lebreton.

(2) Acteur de la Comédie Française. Il y remplissait les rôles de père noble. « Sa nature, dit Mme Vigée Lebrun, « semblait l'avoir créé pour cet emploi. Ses cheveux blancs, « sa taille imposante, son superbe organe lui donnaient « le caractère le plus noble et le plus respectable qu'on « pût imaginer. Il excellait surtout dans le *Roi Lear*, et dans « l'*Œdipe*, de Ducis. »

Mme Elisabeth (1), de Mme la duchesse de Narbonne, de la marquise de la Valette, de la vicomtesse de Caraman. C'est à cette époque que le comte de Provence, qui l'avait prise sous sa protection, lui commanda un tableau de grandes dimensions et qui devait représenter la réception d'un chevalier de l'ordre de Saint-Lazare, dont ce prince était grand maître. Ce tableau, qui devait mettre le sceau à sa réputation, était presque terminé quand arriva la révolution, et la pauvre artiste perdit, en même temps que ses protecteurs, le fruit de plusieurs années de travail assidu.

Elle ne se laissa pas abattre, cependant, par ces revers et se remit de nouveau courageusement à l'œuvre. Au lieu d'aller, comme beaucoup d'artistes le firent à cette époque, chercher à l'étranger une société qui, plus que la France républicaine, eût le loisir de s'occuper de beaux-arts, elle demeura à Paris, et mit son talent au service des dieux du jour. C'est ainsi qu'après avoir peint les princesses du sang et les seigneurs de l'ancienne cour, nous la voyons faire, en 1791, les portraits de Duport, des deux Lameth, du duc d'Orléans, de Beauharnais, voire même de Robespierre.

(1) Cette Mme Elisabeth, dont il question, et dont le portrait est actuellement à Versailles n'est pas, ainsi qu'on pourrait le croire, la sœur de Louis XVI Elisabeth-Philippine-Marie-Hélène de France morte sur l'échafaud en 1794, mais Louise-Elisabeth de France, ou Mme Infante, l'ainée des filles de Louis XV qui épousa plus tard Philippe, infant

Mme Guyard n'exposa pas en 1793. Elle était alors occupée d'une demande de divorce qu'elle avait introduite contre son mari et qui lui fut accordée l'année suivante. Huit ans plus tard, le 19 juin 1801, elle épousait Charles-André Vincent, le fils de son ancien maître, qui lui-même l'avait souvent aidée de ses conseils.

Mme Guyard mourut le 4 floréal an XI (24 avril 1803). Jusqu'à sa mort, elle fut fidèle à son art. Au salon de 1800, où elle exposa pour la dernière fois, elle se fit remarquer pour un grand tableau contenant les portraits des différents membres d'une famille.

Si Mme Guyard ne fut pas une artiste de premier ordre, son talent n'en fut pas moins réel, et l'Académie, en la recevant fit acte de justice. Assez d'œuvres de sa main subsistent aujourd'hui pour qu'on puisse la juger, et une visite à nos collections nationales suffira pour faire apprécier son mérite. Le Louvre possède six de ses pastels qui ne font pas trop mauvaise figure au milieu des merveilles de Latour, de Peronneau, de Chardin et de la Rosabla. Je recommande surtout aux amateurs le portrait du peintre Bachelier, une fine et spirituelle figure d'artiste, d'une exécution très habile et d'une charmante couleur, ainsi que

d'Espagne, fils de Philippe Ier Cette princesse était morte depuis vingt-neuf ans quand Mme Guiard exécuta son portrait, pour lequel elle s'est sans doute inspirée de celui que peignit Nattier en 1760 et qui est également à Versailles. Mme Guiard a d'ailleurs également peint le portrait de Mme Elisabeth, sœur de Louis XVI.

les portraits à l'huile de Mlles Élisabeth, Sophie et Adélaïde qui sont à Versailles. En dehors de ces œuvres, on ne connaît d'elle qu'un portrait du peintre Amédée Van Loo à l'École des Beaux-Arts, et, dans le palais de l'Institut, un portrait du physicien Charles.

Il est des carrières d'artistes auxquelles on ne peut songer sans envie. Telle fut celle de Mme Vigée Lebrun. Elle arriva de bonne heure à la renommée. Jeune, belle, intelligente, elle eut tous les succès réservés à son sexe, en même temps que la gloire et les honneurs qui d'ordinaire n'appartiennent qu'aux hommes. Dans sa longue carrière, elle vit se succéder et tomber tour à tour l'Ancien Régime, la République, l'Empire et la Restauration sans que, à travers toutes ces vicissitudes, son talent cessât d'être pour elle une source d'honneurs et de fortune. Enfin, elle eut ce rare bonheur, quand elle mourut, comblée d'ans, de n'avoir pas survécu à sa renommée, vieille déjà de près d'un siècle.

Louise-Élisabeth Vigée naquit à Paris le 16 avril 1755. Elle était fille de Vigée peintre de portraits, homme aimable et spirituel dont la demeure était le rendez-vous favori d'une société d'artistes et d'hommes de lettres. C'est dans la maison paternelle que, toute enfant, elle apprit à aimer l'art qu'elle devait cultiver plus tard avec tant de succès, là que ses essais reçurent les premiers encouragements. Malheureusement, son père qui dirigeait ses études et qui l'avait retirée du couvent pour qu'elle pût se consacrer uniquement à son art, mourut en 1768. Elle avait alors à peine treize ans.

Des amis fidèles se chargèrent de l'orpheline. Doyen et Joseph Vernet continuèrent de l'aider de leurs conseils, ainsi que le peintre Briard dans l'atelier duquel elle entra. Laborieuse autant qu'heureusement douée, elle ne tarda pas à faire de grands progrès. La duchesse de Chartres, qui se fit peindre par elle, la mit définitivement à la mode : les commandes de portraits arrivèrent en foule et sa réputation était si bien établie que lorsqu'elle se présenta à l'Académie de Saint-Luc, en 1774, elle y fut admise sans difficulté.

C'est vers cette époque que Mme Vigée sa mère, qui s'était remariée, vint habiter l'hôtel dont M. Le Brun, peintre-expert, était alors propriétaire. Lebrun était alors l'expert à la mode ; aucune vente importante ne se faisait sans son aide. Gagnant beaucoup d'argent, il le dépensait sans compter et vivait en grand seigneur ; sa galerie, toujours pleine de chefs-d'œuvre, était fréquentée par les amateurs les plus distingués de l'époque qui aimaient à s'y réunir, soit pour y chercher quelque œuvre rare à ajouter à leurs collections, soit simplement pour y causer d'art ou de littérature. Mlle Vigée se trouva mêlée à ces réunions et sa beauté non moins que son talent charmèrent Lebrun qui demanda et obtint sa main. Le mariage fut célébré en 1776.

Malgré sa réputation, qui allait sans cesse grandissant, les demandes que faisait Mme Lebrun pour être reçue de l'Académie étaient toujours écartées. Une cabale s'était formée contre elle, à la tête de laquelle était le peintre Pierre, alors directeur de l'Académie. Joseph Vernet se décida cependant à la présenter en 1782. Elle fut reçue, ainsi que nous l'avons vu plus haut, le même jour que Mme Guyard.

Recherchée par la meilleure société, pressée de commandes auxquelles sa merveilleuse fécondité pouvait à peine suffire, mère d'une fille qu'elle aimait tendrement et qu'elle a souvent mise à ses côtés dans les nombreux portraits qu'elle a laissés d'elle-même, il semble que rien alors ne manquait au bonheur de Mme Lebrun. C'est en vain que quelques envieux cherchaient à ternir sa réputation par d'absurdes calomnies, et allaient jusqu'à lui donner pour amant le ministre Calonne, bien qu'il fût alors âgé de plus de cinquante ans et qu'il portât, dit Mme Lebrun avec horreur, *une perruque fiscale!* C'est en vain que, en 1783, on vendait à la porte du Salon des couplets où elle était, ainsi que Mmes Guyard et Vallayer Coster, odieusement attaquée dans son honneur de femme et sa réputation d'artiste. Elle n'eut pas de peine à justifier la pureté de sa conduite. Quant à son talent, les prix qu'atteignaient ses moindres œuvres montrent suffisamment combien le public l'appréciait (1).

Il faut lire dans les *Souvenirs* de Mme Vigée Lebrun le récit de cette existence paisible et laborieuse, dont elle se délassait parfois en recevant le soir les meilleurs esprits du temps. Les Grétry, les Delille, les Champfort fréquentaient assidûment cette maison hospitalière où il n'était pas rare de voir les plus grands seigneurs causer familièrement et sur le pied de l'égalité la plus parfaite avec Lekain ou Brizard, tandis que des maréchaux de France, faute de sièges, s'asseyaient sans façon sur le plancher. Singulière époque où la vieille société décadente ne s'occupait que d'amour et de beaux-arts et se passionnait pour la querelle des Gluckistes et des Piccinistes au point de ne pas entendre, grondant au loin, la grande voix de la Révolution !

Elle arrivait cependant, cette terrible année 1789, qui allait bouleverser tant d'existences. Caractère doux et tendre, incapable de supporter les émotions violentes, Mme Lebrun en vit avec effroi les premiers excès. Sa santé s'altérait et tout travail lui devenait impossible. Aussi, dès le mois d'octobre, elle se décidait à quitter la France, laissant à son mari, qui ne l'accompagna point, tout ce que ses travaux antérieurs lui avaient rapporté.

Alors commença pour elle une odyssée à tra-

(1) S'il faut en croire Mme Lebrun, certains de ses portraits lui furent payés jusqu'à 8,000 francs.

vers l'Europe qui ne devait pas durer moins de treize ans. Elle se rendit d'abord à Turin, où elle fut reçue par le célèbre graveur Porporati ; puis ensuite à Rome, où les jeunes pensionnaires de l'Académie de France lui firent le plus chaleureux accueil. C'est là qu'elle fut présentée à la célèbre Angelica Kaufmann, alors âgée de cinquante ans, et dans tout l'éclat de sa renommée.

Appelée à la Cour de Naples, elle y fit de nombreux portraits, entre autres celui de lady Hamilton, cette étrange aventurière qui inspira à Nelson une si grande passion, et à Alexandre Dumas un de ses plus curieux romans. De Naples, elle revint à Rome, où elle retrouva les filles de Louis XV, Mmes Victoire et Adelaïde dont elle avait été, aux jours heureux, le peintre préféré et qui, vieilles maintenant et dans une situation précaire, fuyaient devant Championnet vainqueur. Elle fit de ces malheureuses princesses un portrait qui se trouve actuellement à Naples. Puis forcée à son tour de quitter Rome, elle se mit à parcourir l'Italie, et visita successivement Florence, Parme, Bologne, Mantoue, Venise, Milan. Partout accueillie avec faveur, elle voyait s'ouvrir devant elle les portes des différentes Académies où elle se présentait. Si elle fit une ample moisson d'honneurs, l'argent, non plus, ne lui fit pas défaut, car, ainsi que je l'ai dit plus haut, elle était partie de Paris avec une centaine de louis en poche et rien, dans le récit qu'elle a laissé de sa vie, ne permet de supposer qu'elle ait connu la gêne. Elle put même à différentes reprises suffire aux demandes d'argent de son mari, que la Révolution avait ruiné, et qui eut souvent recours à elle.

A la fin de 1793, nous trouvons Mme Vigée Lebrun à Vienne. Après deux ans et demi de séjour dans cette ville, les sollicitations de l'empereur de Russie la décidèrent à aller à Pétersbourg. Toutefois, avant de s'y rendre, elle visita Prague, Dresde et Berlin qui, comme Bologne et Rome, tint à honneur de l'admettre dans son Académie.

Arrivée à Pétersbourg en 1795, elle y passa six années qui eussent été pleinement heureuses sans un événement qui l'attrista fort et dont, par la suite, elle eut peine à se consoler entièrement. Sa fille unique, qui l'avait suivie dans ses voyages, et qu'elle aimait avec passion, s'éprit d'un certain M. Nigris, secrétaire du comte Tzernicheff. Mme Lebrun s'opposa autant qu'elle le put au mariage de sa fille avec cet homme « sans talents, sans fortune et sans nom ». Elle dut toutefois céder, mais elle avait été blessée au cœur, et, en 1819, quand sa fille mourut, elle n'avait pas encore oublié cette violence faite à sa volonté.

Ce fut en 1802 que Mme Lebrun revint en France. Quelque temps après elle fit en Angleterre un séjour de trois ans. Peu après, elle visita la Suisse. Enfin en 1809, elle revint à Paris qu'elle ne quitta plus.

Mme Lebrun avait alors cinquante-quatre ans.

Elle devait vivre encore trente-trois années. Elle s'était d'abord retirée à Louveciennes, mais, en 1814, sa maison fut saccagée par les Prussiens, et elle ne dut son salut qu'au sang-froid d'un de ses domestiques. L'année précédente, elle avait perdu son mari et sa fille mourut en 1819. Il lui restait heureusement deux nièces, Mmes Rivière et Tripier-Lefranc, qui entourèrent de leurs soins attentifs la vieillesse de l'artiste jusqu'à sa mort survenue en 1842.

L'œuvre laissé par Mme Lebrun est considérable. Elle déclare elle-même avoir fait six cent soixante-deux portraits sans compter les tableaux et les paysages. La plupart des grands musées de l'Europe possèdent une ou plusieurs de ses œuvres; aussi son nom est-il, à l'étranger, un des plus connus de l'École française. En France d'ailleurs sa réputation n'est pas moins répandue. Cet art léger et spirituel, d'une élégance quelque peu bourgeoise, plus gracieux que profond, et dénué de toute recherche pédantesque de style, est de ceux qui désarment la critique, et trouvent à travers tous les âges, et en dépit de toutes les tendances d'école, l'accueil favorable que leur méritent leurs qualités aimables. C'est le propre des artistes de premier ordre d'être portés aux nues par quelques-uns, décriés par d'autres. Les délicieux panneaux de Boucher et de Fragonard tant aimés de nos grands-pères, ont été relégués par nos pères au fond de leurs greniers: de nos jours ils ont reconquis la faveur du public. Les œuvres de Mme Lebrun n'ont jamais connu et ne connaîtront jamais de pareilles vicissitudes; et même en 1828, au moment où le romantisme remportait ses premiers succès, ses tableaux trouvaient acquéreur et à des prix fort honorables.

« Mme Lebrun, dit Charles Blanc, appartient toute entière au XVIIIe siècle. Elle resta en effet toute sa vie sous l'influence des petits-maîtres qui étaient en vogue dans la première partie de sa vie. On retrouve dans sa manière de peindre comme un reflet affadi de Greuze tandis que dans ses portraits elle emprunte souvent à Nattier l'habitude qu'il avait de travestir ses modèles en déesses. »

Si, dans son style, l'artiste resta fidèle aux traditions du passé, la femme ne le fut pas moins à ses sympathies aristocratiques. Très peu de noms bourgeois figurent dans ses mémoires, et, à consulter la longue liste de ses portraits, il est permis de croire qu'elle refusa d'avilir son pinceau en peignant des gens qui, comme on disait il y a cent ans, n'étaient *pas nés.* Ce ne sont partout que souverains, princes, ducs ou marquis. La reine de Naples, la reine de Prusse, la reine mère de Russie, le roi de Pologne, Stanislas-Auguste, le prince de Galles, les princesses Esterhazy et de Lichtenstein, la grande duchesse Anne de Russie, lord Byron, tous les grands noms de l'Europe, tous les hauts personnages de l'ancienne société défilent triomphalement dans l'œuvre de Mme Lebrun qui illustrerait à souhait un almanach de Gotha de l'époque.

Lorsque Mme Lebrun mourut, il y avait longtemps que l'Académie Royale de Peinture et de Sculpture n'existait plus. Elle avait disparu, emportée comme tant d'autres institutions, par la tourmente révolutionnaire. En 1795, lors de la création de l'Institut (1), une partie des anciens académiciens retrouvèrent leur titre; mais, comme je l'ai dit au début de cette étude, l'organisation de ce corps était entièrement différente. C'était une assemblée choisie et composée d'un nombre limité de membres. De plus, les femmes n'y étaient pas admises. Cependant aucun article du règlement ne les écarte, d'une façon formelle et explicite, et si quelque femme d'une réelle valeur frappait aux portes de l'Académie, elle soulèverait une question de principe qui n'a pas été tranchée jusqu'à ce jour.

Napoléon n'aimait pas les femmes artistes. La piquante réponse qu'il fit à Mme de Staël montre assez qu'il lui déplaisait de les voir empiéter sur les attributions du sexe fort. Mais nous aimons

(1) Les Académies, sur un rapport de Chamfort, appuyé par La Harpe, furent supprimées le 8 août 1793, comme contraires à l'égalité. L'Institut fut organisé théoriquement par le décret du 3 brumaire, an IV (25 octobre 1795), et effectivement par l'arrêté consulaire du 8 pluviôse, an XI.

à croire que, depuis, la vieille galanterie française a repris ses droits. Ce que l'oncle n'a pas voulu autoriser, le neveu l'eût peut-être permis, lui qui accorda, pour la première fois si je ne me trompe, la croix de la Légion d'honneur à deux femmes dont l'une était la digne émule des Rosalba et des Lebrun. Les femmes illustres dans les arts et dans les lettres n'ont pas manqué dans ce siècle, depuis Mlle Mayer jusqu'à Rosa Bonheur, depuis Mme de Staël jusqu'à George Sand. Qui sait? Peut-être l'Académie renoncera-t-elle un jour à son injuste ostracisme et nous sera-t-il donné de voir le légendaire habit à palmes vertes gracieusement modifié à l'usage de nouvelles élues.

PUBLICATIONS DE LA SOCIÉTÉ
SUR
L'ART ET LES ARTISTES FRANÇAIS

La Société de l'histoire de l'art français, fondée en 1871 pour publier des documents inédits sur les artistes français, a fait paraître jusqu'ici vingt-deux volumes.

NOUVELLES ARCHIVES DE L'ART FRANÇAIS. Cette collection, — continuation des *Archives de l'Art français*, publiées de 1850 à 1860 par MM. DE CHENNEVIÈRES et DE MONTAIGLON, — compte actuellement neuf volumes, divisés en deux séries. La première série, de six volumes, est complète ; la deuxième, commencée en 1879, se compose de trois volumes.

Tome I, 1872, 512 pages, presque épuisé ; se vend séparément . . . . 25 »
Tome II, 1873, 476 pages ; séparément . . 20 »
Tome III, 1874-75, 532 pages ; séparément . 20 »
Tome IV, 1876, 472 pages ; séparément . . 15 »
Tome V, 1877, 432 pages ; séparément . . 15 »
Tome VI, 1878, 424 pages ; séparément . . 15 »
Tome VII, 1879, 480 pages ; séparément. . 15 »
Tome VIII, 1880-81 ; séparément . . . . 15 »
Tome IX, 1882 ; séparément. . . . . . 15 »
Tome X, 1883. . . . . 15 »
Tome XI, 1884. . . . . 15 »

Il a été publié en outre, de 1875 à 1878, un Bulletin trimestriel (en tout seize numéros) qui renferme de nombreux documents, notamment un grand nombre d'actes d'état civil d'artistes du XVIIIe siècle. Ce Bulletin ne se vend pas séparément. — Il sera remis aux nouveaux adhérents qui prennent la collection complète des publications de la Société.

MÉMOIRES POUR SERVIR A L'HISTOIRE DES MAISONS ROYALES ET BASTIMENS DE FRANCE, par ANDRÉ FÉLIBIEN, publié pour la première fois par M. ANATOLE DE MONTAIGLON, d'après le manuscrit de la Bibliothèque nationale, 1 vol. in-8°, 1874 . . . . 8 »

LES COMPTES DES BATIMENTS DU ROI DE 1528 à 1571, suivis de documents inédits sur les châteaux royaux et les beaux-arts au XVIe siècle, recueillis par M. le marquis LÉON DE LABORDE. 2 vol. in-8°, 1877-79 . . . 25 »

PROCÈS-VERBAUX DE L'ACADÉMIE ROYALE DE PEINTURE ET DE SCULPTURE de 1648 à 1793. In-8°.

Six volumes, embrassant la période qui s'étend de 1648 à 1755, ont paru. Prix de chaque volume. 10 »

MÉMOIRES INÉDITS DE CHARLES-NICOLAS COCHIN, sur le comte de Caylus, Bouchardon et les Slodtz, publiés d'après le manuscrit autographe de la Bibliothèque nationale, par M. CHARLES HENRY. 1 vol. in-8° . 8 »

Quelques exemplaires sur grand papier de Hollande . . . . 20 »

ETAT CIVIL D'ARTISTES FRANÇAIS, *Billets d'enterrement et de faire part d'artistes modernes* (1800-1880), réunis par M. HUBERT LAVIGNE. 1 vol. in-8°. . . . 6 »

LA STROMATOURGIE DE PIERRE DUPONT, étude sur les origines de la Savonnerie et les débuts de la fabrication en France des tapis velus ou de Turquie, publié par M. ALF. DARCEL, administrateur de la manufacture des Gobelins et M. J.-J. GUIFFREY. 6 »

ETAT CIVIL DES PEINTRES ET SCULPTEURS DE L'ACADÉMIE ROYALE. Billets d'enterrement de 1648 à 1713 publiés d'après le registre conservé à l'Ecole des Beaux-Arts, par OCTAVE FIDIÈRE. 1 vol. in-8° . . . . . 6 »

Toutes les publications de la Société de l'histoire de l'art français sont imprimées avec luxe, en caractères anciens, sur papier vergé et tirées à petit nombre. Plusieurs volumes sont presque épuisés. Les personnes qui adhèrent à la Société peuvent demander la collection complète de ses publications moyennant le payement de neuf cotisations (1872-1881), montant ensemble à 188 francs.

COLLECTION
DE TRAVAUX SUR L'ART FRANÇAIS
PUBLIÉS PAR LEURS AUTEURS
SOUS LE PATRONAGE DE LA SOCIÉTÉ

1. ACTES D'ÉTAT CIVIL D'ARTISTES FRANÇAIS, peintres, graveurs, sculpteurs, architectes, extraits des registres de l'Hotel de Ville de Paris, détruits dans l'incendie du

24 mai 1871, par HERLUISON. 1873. 1 vol. in-8°, tiré à petit nombre. . . . . 20 »

Le même ouvrage sur papier de Hollande. . 30 »

2. LETTRES DE NOBLESSE ET DÉCORATIONS ACCORDÉES AUX ARTISTES EN FRANCE PENDANT LE XVIIe ET LE XVIIIe SIÈCLE, par J.-J. GUIFFREY. 1873, 1 vol. in-8°. (Tirage à part à 50 exempl.). . . . . Epuisé.

3. NOTES ET DOCUMENTS INÉDITS SUR LES EXPOSITIONS DU XVIIIe SIÈCLE, recueillis et mis en ordre par M. J.-J. GUIFFREY. 1872. 1 vol. in-12, tiré à très petit nombre. . . . . 10 »

4. NOTICE SUR JACQUES GUAY, graveur sur pierres du roi Louis XV, documents inédits émanant de Guay, et notes sur les gravures en taille-douce et en pierres fines de la marquise de Pompadour, par J.-J. LETURCQ. 1873, 1 vol. in-8° avec 12 planches, reproduisant la plupart des œuvres de Guay, tiré à 300 exempl. . 12 50

5. ELOGE DE LANCRET PAR BALOT DE SOVOT, accompagné du catalogue de ses tableaux et de ses estampes, de notes et de pièces inédites, le tout réuni et publié par J.-J. GUIFFREY. 1874, in-8°, tiré à 200 exemplaires sur papier de Hollande . . . . 9 »

6. NOEL LE MIRE ET SON ŒUVRE, suivi du catalogue raisonné de l'œuvre de son frère Louis Le Mire et de plusieurs tables, avec un portrait à l'eau-forte et des bois inédits par JULES HÉDOU. 1875, 1 vol. in-8°, tiré à 300 exemplaires sur papier de Hollande . . . 25 »

Le même ouvrage sur papier Whatman, avec double épreuve du portrait et des bois (tiré à 50 exemplaires) . . . . 35 »

7. LIVRET DE L'EXPOSITION DU COLISÉE (1776), suivi de l'exposition ouverte à l'Elysée en 1797 et précédé d'une histoire du Colisée d'après les mémoires du temps, avec une table des artistes qui prirent part à ces deux expositions (complément des livrets de l'Académie royale et de l'Académie de Saint-Luc). 1875, in-12, tiré à :

215 exemplaires sur papier Vergé . . . . 3 »
10 — sur papier de Hollande . . 6 »
5 — sur papier de Chine . . . 10 »

8. SÉBASTIEN LE CLERC ET SON ŒUVRE (1637-1715), par EDOUARD MEAUME, ouvrage couronné par l'Académie de Metz. 1877, grand in-8° de 338 pages, sur papier vergé de Hollande, tiré à 205 exemplaires . . 18 »

9. LA FAMILLE DES JUSTES EN ITALIE ET EN FRANCE, par ANATOLE DE MONTAIGLON. 1876-77, 1 vol. in-4° de 76 pages sur papier de Hollande, avec 14 figures dans le texte (tirage à part de la *Gazette des Beaux-Arts,* à 50 exemplaires, dont 30 mis en vente) . . . Epuisé.

10. NOTICE SUR JACQUES NEILSON, entrepreneur et directeur des teintures de la manufacture royale des tapisseries des Gobelins au XVIIIe siècle, par ALBERT CURMER. 1878, in-8° (tiré à 125 exemplaires) . . 4 »

11. JEAN LE PRINCE ET SON ŒUVRE (1734-1781), par JULES HÉDOU, ouvrage contenant une notice biographique, le catalogue de l'œuvre de l'artiste, le secret de son procédé de gravure au lavis, et nombre de documents inédits, avec un portrait à l'eau-forte par A. GILBERT. 1879, 1 vol. in-8°, tiré à 300 exemplaires sur papier de Hollande . . . . 20 »

50 exemplaires sur papier Whatman . . . 30 »

12. LES ORFÈVRES DE PARIS EN 1700. Procès-verbaux de visites et déclarations faites en exécution de l'édit du mois de mars 1700, publiés et annotés par J.-J. GUIFFREY. 1879, in-8° (Tirage à part à 100 exemplaires du *Bulletin de l'Union centrale*) . . . . 3 »

13. LES ARTISTES ANGEVINS, peintres, sculpteurs, maîtres d'œuvre, architectes, graveurs, musiciens, d'après les archives angevines, par CÉLESTIN PORT, correspondant de l'Institut. 1881, in-8° (tiré à 100 exemplaires) . . . . 15 »

Le même sur papier de Hollande (tiré à 20 exemplaires) . . . . 25 »

LES SCULPTEURS DE LYON DU QUATORZIÈME AU DIX-HUITIÈME SIÈCLE, par NATALIS RONDOT. . . . 7 »

Paris. — Imprimerie de G. ROUGIER et Cie, rue Cassette, 1.